生涯学習ブックレット

家族をはぐくむ「愛」の贈りもの

鈴木 秀子

目次

家族をはぐくむ「愛」の贈りもの

表紙・扉デザイン――株式会社 長正社

本書は財団法人モラロジー研究所「生涯学習講座」における講話（平成十五年九月十三日）をもとに加筆・編集したものです。

国際エニアグラムカレッジ代表
国際文学療法学会会長

鈴木《すずき》 秀子《ひでこ》

国際コミュニオン学会の提唱者である著者は、聖心女子大学文学部教授を経て、現在、文学療法やエニアグラム（自己発見による人間成長援助学）、アクティブ・リスニング（相手の心を開く積極的傾聴法）などの指導を行い、それらのリーダー養成に携わるとともに、ＮＰＯコミュニオンでは、講演会の講師を務め、「心の対話者」といわれる傾聴ボランティア等の養成にあたっています。

また、1980年代後半に日本に初めてエニアグラムを紹介し、以後、日本におけるエニアグラムの第一人者として、国内外でエニアグラム・ワークショップを行っています。

本書では、子どもの問題行動に苦しむ人や、死を直前に迎えた人の心の葛藤を紹介しながら、一人ひとりがいかにかけがえのない存在であるかを説き、人と人とのかかわり合いの大切さや自分・家族を愛することの大切さについて考えます。

人を教育する大切さ

家族というものを考えるに先立ち、まず私が人間にとって教育がいかに大切であるかを考え始めたきっかけについて紹介します。それは十五年前のことです。

私がアメリカのスタンフォード大学で教鞭《きょうべん》を執《と》っていたとき、あるアメリカ人の先生から、アメリカでの犯罪増加についての話を聞きました。

その先生によると、犯罪の多くは、不法入国者や移民としてやってくる貧しい人たちによって引き起こされ、広がっていくということでした。そこで私は、「それなら不法入国の人を厳しく取り締まれば、犯罪も少なくなるのではありませんか」と言いました。すると先生は、次のように答えました。

「それはとてもよく分かります。けれども、例えば、五百人の不法入国者たちを大事に育て、その中から一人でも優秀な人材が現れて国に尽くす人になってくれれば、それはほんとうに尊《とうと》い宝です。それはなにものにも代えられないのです」

私はその言葉を聞き〝一人の優れたリーダーが出るのと、毎日たくさんの犯罪が起こるのと、どちらがよいのだろう〟と、思い悩みました。

その出来事をきっかけに、私は「犯罪が増えていく中、危険を冒《おか》してまで優秀な人材を求め続ける」ということの意味を考えるようになりました。そして、繰り返し考えているうちに、国情によって違いはあれ、不法入国者を取り締まることは、国の治安には欠かせない大事なことではあるが、それは対処療法的なもので、長い目で見たときには一人の優れた人が現れることが大切であるという思いに至りました。

ここでいう「優れた人」とは、「社会的に立派《りっぱ》な人」という意味ではなく、「自分の置かれた状況で誠実な態度をとり、周りに影響を与えることのできる人」です。自分だけでなく周りの人もよくなっていく、そういう力を発揮していく人が、それぞれの地域に何人かでも現れれば、ほんとうにすばらしいことです。

社会をよくするのは、決して急にできるものではありません。一人ひとりが社会に貢献する人間に成長していくとき、はじめて社会が変わっていくのです。そういう意味でも、周囲によい影響を与えることのできる「優れた人」を育てることは重要なことなのです。

この出来事は、私に「人の教育というものがいかに大事か」ということをあらためて考えさせるきっかけになりました。

NPOコミュニオンの活動

教育の大切さを感じた私は、平成七年（一九九五年）に生涯学習の場を広く提供することを目的に、「国際コミュニオン学会」を設立しました。その後、平成十三年（二〇〇一年）には、社会への貢献の機会と場を提供する「NPOコミュニオン」が発足しました。

国際コミュニオン学会では、セミナーや講座を開講し、広く社会に貢献する指導者の育成を行っています。そして、NPOコミュニオンでは、学会のセミナーや講座で学んだ方々が、その成果を社会に還元したいという思いを持って集まり、心の悩みを持つ人やよりよい生き方をめざす人々に対して、グループワーク等により社会貢献をしています。

この「コミュニオン」とは、「人間はみんな表面的には違いがありますが、人間の命は平等に与えられていて、深いところでつながっている」という考え方です。そして、一人ひとりの個性を大切にし、その人のすばらしさを発揮するように、お互いに助け合おうというのがNPOコミュニオンの趣旨《しゅし》です。これらの理念を根本に持つ人々が集まって活動しています。

私も日ごろからたくさんの人たちと接していますが、このNPOコミュニオンの活動を始めて以来、さらにいろいろな人たちと出会ってきました。そこに集まってくる人たちの中には、子どもが問題を起こして手に負えなくて悩んでいるという親がたくさんいます。その方々にいろいろとお聞きしてみますと、つらい体験をしながらも何とか子どもと関わろうと懸命に努力されています。そして〝もうどうしようもない〟という切羽詰《せっぱつ》まった段階で私たちのところへお見えになる方が多いのです。

人間は、頭ではどれほど分かっているつもりでも、なかなか自分の生き方を切り替えることができません。生き方を切り替えることができるのは、ドン底に追いつめられたときなのです。私が関わってきた、そうしたいくつかの例をご紹介しながら、家族というものについて考えてみたいと思います。

人間の持つエネルギー

私は以前、東京都内のある教育センターで講演をしました。その講演が終わったあと、一人の紳士《しんし》が声をかけてくださいましたので、コーヒーをごいっしょしながら、いろいろとお話をいたしました。

精神科のお医者さんというその方のお話と質問が、私には今も印象深く残っています。

――精神科医としてたくさんの人に接していると、ほんとうに人間の生きざまというものを見せつけられることが多くあります。

私は、人間のエネルギーは「目に見える表面的な世界」と「目には見えない精神的な世界」で成り立っていると思います。

例えば、ある一人の人が成功し、財を築いていくとします。つまり〝自分は立派な会社を築いた。長男にこの立派な会社を継がせたい。次男にも立派な会社をつくって渡してあげよう。娘には立派な邸宅《ていたく》を建ててあげよう。次女にも立派な邸宅をつくってあげよう……〟というように、財を築くことに集中していくと、人間はそちらにエネルギーを注ぎ込んでいきます。そこで、目に見える世界のエネルギーはどんどん大きくなっていきます。

仮に、一人の人間の持つエネルギーが総合して十あるとします。そうすると「目に見える表面的な世界」のエネルギーが八のときには「目には見えない精神的な世界」のエネルギーは二になります。その状態のときは、物質的には不自由のない、周りからうらやましがられるような生活を送っている状態といえます。しかし、あるときにこの二つの世界の関係が一気に逆転してしまうときがあるのです。
つまり、「物」がとても大きな力を持っていたその人の人生で、「物」が意味を持たなくなり、目には見えない世界が意味を持ち始めるときです。それはどんなときだと思いますか——

私はそのとき、「おそらくそれは、自分にとっていちばん大切な人に死が迫《せま》っているときとか、もうどうしようもないという状況に追い込まれたときではないでしょうか」と答えたことを覚えています。

自分にとっていちばん大切な人、それはまず自分自身です。そして、家族です。その大切な人が、例えば「がんです」と宣告されたとき、人はどうなるでしょうか。お金や地位や名誉を第一に考えていたその思いは消えてしまい、大切な人の命という、目には見えない世界のものがほんとうに大事になるというときがあるのです。

人間というのは、ふだんは「物」にすがり、「物」が大切だと思って生きています。確かに社会的な生活のことを考えれば、物があるというのはとても便利なことです。しかし、物があるがゆえに不幸になる人もたくさんいるのです。

ときどき、「これほど物質的に豊かで幸せな人は世の中にいないのではないか」と思えるような人が私のところにお見えになります。その方々と話をして、しみじみと感じることは、見た目には立派に体面《たいめん》をつくっておられるけれども、いったん心を開いてお話しになると、世間や他の人には漏《も》らすことのできない苦しみを背負い続けていらっしゃるのだということです。

私たちは、お金や物があれば、何でも思いどおりになると考えていますが、家族など、ほんとうに自分にとって大切な人の余命があと数か月と宣告されたときには、立派な家も会社も財産も、そのようなものはどうなってもよいという気持ちになってしまいます。

死にゆく人の願い

私は、昭和五十二年（一九七七年）に臨死体験をしました。そのことについては時間が限られていますので、ここではお話しすることはできませんが、それ以来、不思議なことに、臨終《りんじゅう》にある人、それも見知らぬ人の元へ、知らないうちに招かれて行くことがあります。

亡くなる人というのは、自分の死が近づいていること、また、自分は家族と別れなければならないということが直感で分かります。そして、死を前にして、生涯をずっと共にしてきた家族がどれほど大切かということを感じ、そのことを家族と話し合いたいと思うものです。自分にとって、家族の一人ひとりがどれほど大事だったかを切実に感じ、そのことを、死ぬ前に家族に伝えたいと思うのです。

しかし、自分が死ぬということを少しでも口にすると、見守っている家族や周囲の人たちは「いや、そんなことはない。お医者さんは治ると言っていましたよ」「大丈夫《だいじょうぶ》、すぐ治るから。そんな弱気なことを言わないでください」などと、否定し続けます。ですから、自分に死が迫っていると感じて、家族に大切なことを伝えようとしても、家族が悲しむから言えないということが現実には多いのです。つまり、看取《みと》るほうも、看取られるほうも、死を遠ざけてしまうわけです。

ところが、私のような立場の者が行くと、その人にとって私は他人ですから、話を聞いてもらえると思うのでしょう、これまでの出来事やいろいろな人との出会い、別れについて話してくださいます。

私は長い経験上、死にゆく人のところへ行くと、いつも「あなたは、今したいことがありますか」と聞きます。すると、たいていの人にはしたいことがあり、そして必ず同じ返事が返ってきます。それは何だと思いますか。

まずいちばんに返ってくる言葉は、「仲たがいをしている人、けんか別れをしている人と仲直りをしたい」という言葉です。死ぬ前に仲よしになっていたい。許しを請《こ》い、許され、心を通じ合わせ、仲直りをして死んでいきたい。それが絶対の願いなのです。

このことについて、私の教え子のお母さんを看取った経験から申し上げます。

死んでも死にきれない思い

あるとき、私の教え子であるお嬢《じょう》さんから、「母の病気がひどいので来てくださいませんか」という電話がありました。私がそのお嬢さんのお母さんの入院している東京の国立がんセンターへ駆《か》けつけると、そのお母さんは、「はぁ、はぁ、はぁ」と短い息をしていました。私はそのお母さんのお腹のあたりに軽く手を置いて、呼吸を合わせました。

私は病気の人のところへ行くと、その方に触れ、呼吸合わせをします。はじめは病人の呼吸に合わせながら息をしますが、少しずつ私が長く息を吐《は》きます。ゆっくり、ゆっくり息を吐くのです。そうすると病人もゆっくりと息をし始めるようになります。

日本語に「気が通じる」「気を合わせる」「息を合わせる」「呼吸が合う」などという言葉があるように、呼吸合わせをすると、私は病人と一体感を感じるのです。また、病人も、同じように一体感を感じてくださるようで、初めて会ったにもかかわらず、心が通じたように、気がかりなことを話してくださいます。

十二月二十五日、クリスマスの夜のことでした。そのお母さんはほんとうに弱々しくて、担当のお医者さんは「今日、明日の命です」とおっしゃいました。そのお母さんは、私に「自分の一生はとっても幸せだった」ということを、いろいろと話してくださるのです。

お嬢さんはドイツ大使館に勤め、娘さんが結婚するときは、「国際結婚なんて許せない」と言って、もう、このお母さんは、娘さんが結婚するときは、その後、ドイツ人と結婚してドイツに行ってしまいました。このお母さんは、娘さんが結婚するときは、

お嬢さんはドイツ大使館に勤め、その後、ドイツ人と結婚してドイツに行ってしまいました。このお母さんは、娘さんが結婚するときは、「国際結婚なんて許せない」と言って、ものすごく反対していたのですが、今では和解して、「娘も、今は日本に住んでいるから問題ありません。私は幸せでした」とおっしゃっているのです。

死にゆく人というのは、体がどれほど苦しくても、何か心の安らぎを伝えるような気配《けはい》を感じさせてくれます。私は〝この方は死が近い〟と思ったときに、その方の体に手を当てながら瞑想《めいそう》すると、何か「澄《す》んだ気《き》」というか、白い綺麗《きれい》な光が見えるような感じがするのです。そのような人にたくさん出会ってきました。

しかし、このお母さんの場合は、お医者さんが「あと一日、二日の命です」と言っているにもかかわらず、安らぎを感じさせる状態にならないのです。私は〝この方は何か気がかりなことがあるのだ〟と思いました。

そこで私は、お嬢さんに「お母さまは、何か気がかりなことがあるんじゃない？　死んでも死にきれないという思いがあるんじゃないかしら」と尋《たず》ねました。でも、彼女は「いいえ、そんなことはありません。みんなもこうして集まってきていますし、もう会いたい人にもすべて会いました。気がかりなことは何もありません」と言うのです。しかし私にはどうしても、お母さんの心には、わだかまりがあると思えてしかたがなかったのです。

そこで私は、翌二十六日にもそのお母さんの元へうかがいました。もちろん、そのような話はせずに、ただ、お母さんの体に手を当て、お祈りをして帰るだけなのですが、それでも私が帰ろうとすると、お母さんは「鈴木先生、また来てください」と必死の眼差《まなざ》しでおっしゃるのです。私は「それでは、明日も来ますからね」と言って、毎日足を運びました。「もう数日の命です」と言われたお医者さんは、「生きているのが不思議だ」とおっしゃっていました。

暮れになり、病院は、重病患者以外は家に帰り、お医者さんの数も少なくなりました。看護師さんの数も、暮れからお正月にかけて少なくなっていました。

十二月三十一日の朝にお見舞いに行ったとき、私は〝今日が最期《さいご》だろう〟と感じました。そして、お母さんにお会いしてみると、最期だろうと思ったにもかかわらず、何かまだ死への準備ができていないという印象を受けたのです。「澄んだ気」というものが出ておらず、まだ心の準備ができていないと感じました。

そこで私は、もう一度、お嬢さんに尋ねました。「やはりお母さんには、死んでも死にきれない思いがあるように感じるの。何かわだかまりのようなもの、あるいはだれか会いたい人がいるんじゃないかしら。死にゆく人は、会いたい人を待ち続けて、その人に会えるとすぐに息を引き取るという話をよく聞きますから」と言いました。また、「お医者さんも、あと一日、二日の命だと言ってきたが、これほど延命されるのは不思議だとおっしゃっていた」ということも話しました。しかし、「いいえ、何もありません」と言うばかりでした。ご主人にも同じように聞いてみたのですが、やはり同じ返事が返ってくるのです。

そのとき、私の中で「四時」ということがひらめきました。お母さんに死が近づいていると感じていた私は、〝もう数時間しかもたないのではないか〟と思いながらも、その「四時」という時刻に何か重要な意味があるのではないかと考え、「それでは、四時にもう一度うかがいますから」と言って病院をあとにしました。

姉と妹の仲直り

その日の午後四時、私は再びがんセンターへ行きました。すると病室の入り口に、ご主人とお嬢さんが立って私を待っていたのです。そして、お嬢さんは、私にこう言いました。

「申しわけありません。今まで嘘《うそ》をつき続けてきました。母には姉が一人います。その伯母《おば》と母は、かつて遺産問題で血で血を洗うような争いをしました。それ以来、お互いに憎《にく》み合い、疎遠《そえん》になっていました。伯母も母もいい人なのですが、財産問題で一度関係がもつれてしまったら、もう解《と》きようがありませんでした。お互いにけんかし合って……。

それで父が、『死の間際《まぎわ》になってまで、あの葛藤《かっとう》を繰り返したり、あのつらさを妻に味わわせたくない。もう姉には会わせないで静かに逝《い》かせてあげよう』と言うので、私たちもそのとおりにしてきたのです。鈴木先生が何度も『何か心残りがあるみたいだ。だれかに会いたいんじゃないか』とおっしゃったとき、私ははじめから伯母のことだと分かっていました。それで、やはりそのことを先生にお話しすることにしたのです」

その話を聞いて、私は〝それだ！　お母さんが死んでも死にきれないという思いを抱《いだ》いているのはそのお姉さんのことだ〟と思いました。そこで私は「すぐ、そのお姉さんを呼んでください。お姉さんはどこにお住まいなんですか。私が立ち会って、決して悪いようにはしませんから」と言って、すぐに呼んでもらいました。

お姉さんは幸い近くに住んでいましたので、一時間後に病院へ来られました。お母さんには、そのことは黙っていました。

そのお母さんは乳がんで、すでに全身にがんが転移してしまっていました。胸はザクロのように裂け、着物に膿《うみ》や血が滲《にじ》むほど酷《むご》い状態でした。でも、不思議なことに、嫌な臭いはまったくありませんでした。

そのような生きるか死ぬかという状態で仰向《あおむ》けになっているお母さんの病室のドアが突然に開いて、そのお姉さんが現れました。すると、あれほど力のなかったお母さんは、お姉さんが現れた途端《とたん》、ベッドの上にぱっと一人で体を起こしたのです。そしてドアに向かって両手を差し出して、「お姉さん！」と、力強く、明るい声で叫《さけ》びました。お姉さんも、妹の名前を呼んでベッドに駆け寄ると、着物の汚れなどおかまいなしに抱きしめて、二人でおんおんと声をあげて泣き出しました。

二人が最初に言った言葉は「ごめんなさい！」でした。「ごめんなさい」という声、「お姉さん」という声、そしてお互いの名前を呼び合う声が、病室の中で繰り返されました。日本人ですから「愛してる」などという言葉は使いませんでしたが、私はその姿を見ていて、お互いがどれほど愛し合っているか、どれほど大切に思っているかがほんとうによく分かりました。

そして、充分抱き合った後に、お姉さんは妹をそっとベッドに寝かせ、手を握《にぎ》りしめました。その手を覆《おお》うように、私も二人の手を握りしめ、一生懸命にお祈りをしながら黙ってそばにいました。すると、そのお母さんは、私のほうを見て「ありがとうございました。もうこれで安らかにあの世へ旅立つことができます。ほんとうに私は幸せでした。私は、姉に対してひどいことをしてきたけれども、今こうして、姉から許されていることを感じています」と言いました。するとお姉さんも「私のほうが悪かったわ、許してね。今、こうしてあなたに会えて、許してもらえていることが分かって、とっても嬉《うれ》しい。ほんとうに呼んでくれて嬉しいわ」とおっしゃいました。

すると、今度はご主人が、「自分が悪かったんだ。自分が欲を出したせいで、妻にもお姉さんにもつらい思いをさせてしまった。ほんとうに自分が悪かった。許してください」とおっしゃったのです。それを聞いたお姉さんも「いいえ、私が悪いんです。許してください」とおっしゃいました。

それからは、家族みんながお母さんのそばに寄って、ただ「ありがとう、ありがとう」と言うだけでした。そのお母さんは、そうやって家族や大切な人に囲まれながら、安らかに亡くなりました。私がお母さんの体に手を置いたとき、その体は白い綺麗な、輝くような光に包まれていました。私は〝ああ、これでこの方は安心してあの世に旅立たれた〟と思いました。

お正月でお医者さんも少なく、看護師さんの数も少ないので、私と一人の看護師さんとで亡くなったお母さんに綺麗にお化粧《けしょう》をしてあげて、最後に体を清めました。そのとき看護師さんは、「ご遺体がこんなに綺麗な匂《にお》いに包まれるということはなかなか珍《めずら》しいことなんですよ」とおっしゃいました。確かに嫌な臭いなどなく、綺麗な薔薇《ばら》のような匂いがしていたのです。私はこのような不思議な現象の中で、看護師さんと二人で亡くなったお母さんの体を清めるというのは、ほんとうに恵まれたすばらしいことをさせていただいていると感じました。

そして病院で霊柩車の到着を待つ間、ご主人が自分の今までの人生のいろいろなことを私に話してくださいました。

――自分はわがままだったし、頑固一徹《がんこいってつ》でした。だから、妻にいろいろな迷惑をかけてきました。今こうして、自分にとっていちばん大事な人を失ってみて、人間にとって何が大事なのかということが分かりました。

振り返ってみますと、私は三十五歳で結婚したのですが、結婚して八年目に大病をしました。その病気で、生きるか死ぬかという苦しみに出遭《であ》ったとき、私は、三十五年もいっしょに住み続けた、血のつながった自分の母親の名前を呼ぶのではなく、まだ八年間しかいっしょに住んでいない妻の名前を呼び続けたことを思い出します。

今こうして妻に先立たれて考えてみると、そういうふうにして家族になっていくものなのだということを、あらためて感じます。これまで、妻と二人で協力して、家庭をつくること、子どもを育てること、そうした体験をさせてもらえたことのありがたさをしみじみと感じます。お互いにいろいろなことがありましたが、縁があっていっしょになるということは、どれほどすばらしいことかと思います。

時には、もう離婚したいと思うこともありましたが、こうして妻を失ってみて思うことは、こういう妻を自分に与えてもらって、毎日毎日の生活を共にしてきた自分の人生は、どれほど恵まれていたか。そして、育ててあげてきた子どもたちが、妻の死に際してみんなで協力して、一生懸命にがんばり続けてくれたのです。家族というものは、いかに大切であるかをしみじみと感じることができました――

死ぬ前にしたいこと

ご紹介したように、死にゆく人のところへ行って、「何かしたいことはありますか」と尋ねると、まずいちばんに返ってくる答えは「仲たがいをしている人と仲直りしたい」という言葉です。

その次に返ってくるのは「家に帰りたい」ということです。仲たがいしている人がいない場合は、必ず家に帰りたいという言葉が出てきます。

私は、これまでの経験で、「これほど家に帰りたいと願っているのなら、五分でもいいから連れて帰ってあげたい」と思うことがほんとうにたくさんありました。でも、今の医療環境では、すぐに家に連れて帰ってあげたいと思っても、なかなかできません。

しかし病人の立場になったら、いちばん愛する人たちと最期の時間を過ごしたいと思うのは当然のことなのです。これまでの人生で、いろいろな苦しみやつらいこと、楽しみや希望というものを分かち合った家族がいっしょに過ごした場に帰りたい、そう願うものです。家族と過ごした家こそ自分の生きる根拠地だったのであり、生涯を閉じるにあたって、そこへ戻りたいと願うのです。

そのように、家庭というものは、すべての人にとって自分の居場所であり、根拠地であり、最も安らぎを与えられる場なのです。死にゆく人は、死を前にして、ほんとうに深いきずなで結ばれ、愛を分かち合った場所である家に戻って、自分と家族との愛を確認したいと願うものです。

私たちへの大切な遺言

死にゆく人がその次に言うのは、「自分の足で立ってお手洗いに行きたい」ということ、そして「自分の口で物を食べたい」ということです。

死にゆく人々は、ほとんどの場合、体力が衰《おとろ》えて一人で動くことができなくなってしまっていたり、栄養補給のために鼻から管《くだ》を通し、自分の口で食事ができなくなっているために、このようなことを願うのです。

私は、これらの言葉を聞きながら、いつも思うことがあります。それは、「年齢に関係なく、先にこの世を去る人たちは、私たちに貴重な遺言《ゆいごん》、遺産を残してくださっている」ということです。

どういうことかといいますと、人間は、赤ちゃんのときは自分で物を食べることができません。また、自分で歩くこともできません。ですから、生きていくためには、だれかに抱いてもらい、服を着せてもらい、そしてミルクを与えてもらわなければなりません。

その意味でいうと、人間が大人になるということは、自分の足でしっかり立って歩くこと、自分で自分を養うこと、つまり自立していくことだといえるでしょう。

最期を迎えた人たちが、「自分の足で歩きたい」「自分の口で物を食べたい」と願うのは、言い換えれば、「立派な大人として、自立した人間として死んでいきたい。そして、自立した人間どうし、お互いを大切にしていきたい」ということを、私たちに教えてくれているのだと思います。

これは、私たち人間が生きていくうえでたいへん大切なことです。まず自分がしっかりと地に足をつけて、自分を責めたり苦しめたりすることなく、自分を大切にしながら、自分に与えられているよさを発揮し、与えられている仕事に誠意を込めながら自立して生きていくということ。そして、そうした自立した人間どうしがお互いを大切にし合い、お互いの持ち味を尊重し合っていくことが、とても大事だということです。

人間にとって、最も大事なことは、お互いを大切にし合い、お互いのよさを引き出し合うような関係を築くことです。「あなたがいるがゆえに、あなたの隣《となり》の人がほんとうにすてきな人に成長することができるように、私たち一人ひとりが、自分に与えられている日々の生活の場で、自分と出会った一人ひとりと大切な時間を過ごすことが大事である」ということを、死にゆく人は教えてくれているのだと思います。

「一度しかほほ笑むことができないとしたら」

マザー・テレサは次のように言いました。

「もしあなたが一度しかほほ笑むことができなかったとしたら、それを道ですれ違う人、あるいは職場の人にほほ笑みを与える必要はない。家に帰って、あなたにとって最も愛する身近な人、大切な人に、その最後のほほ笑みを与えなさい」

この言葉は利己主義を言うのではなくて、愛は身近から始まるということを述べています。「NPOコミュニオン」では、人間は深いところで魂《たましい》が結ばれているという精神に基づいて、すべての人たちに愛を及ぼすことをめざしています。それは同時に、「一人ひとりが『幸せ発信地』になること」をめざしているのです。

自分は幸せでないという人が、他の人を幸せにすることはできません。

例えていうならば、田植えのことを何も知らない人、田植えをする姿を見たこともない人、自分自身が行ったこともない人が、他の人に田植えを教えることはできません。また、コンピューターを見たことも使ったこともない人が、コンピューターの使い方を他の人に教えることはできません。同じように、自分が幸せ感を体験し、それを自分の中に広げている人でなければ、他の人に幸せ感を与えることはできないのです。

ですから、私たちはまず自分自身と仲よくならなければならないのです。

私たち一人ひとりは、それぞれ使命を持ってこの世に生まれてきています。その使命は、死ぬ瞬間まで分からないかもしれません。しかし、今、自分がいる場所で、与えられている仕事をとおして、使命を完成していきます。

つまり、私たちはふだんの生活や仕事をとおして、自分の使命を果たす存在です。そのためには、まず自分自身が「幸せ発信地」になっていくことが大切なのです。

一人ひとりが「幸せ発信地」になるためには、まず自分自身と仲よしになることです。自分自身と仲よしになるということは、自分を大切にし、かつ隣の人がよりよくなっていくような自分になっていくということです。自分自身と仲よくなると、自分の中に幸せ感を感じるようになります。そしてその幸せ感は、自分から自分の周りへ、つまり自分の本拠地、自分の居場所である家族へ、そして地域の人々へと広がっていくのです。

人生、いざというときに目覚める

ところが、「幸せ発信地」となるための第一歩である家族に幸せを伝えることほど難しいものはありません。なぜなら、私たちは身内の人を強く愛するがゆえに、こうなってほしいという期待が大きく、要求も大きくなってしまうからです。

例えば、お父さんが息子に「こうなればいい」という大きな期待や要求を抱いているとします。ところが、息子が自分の思ったとおりにならない、自分の要求に応《こた》えてくれないというときには、たいへんがっかりするわけです。がっかりすると、それが怒りになって表れたり、あるいは叱《しか》りつけるという行為になってしまいます。それに対して、息子は反発します。身近な家族というものは、そういうことがよくあります。

一方で、いざとなれば「自分の命を投げ出してでも助ける」という思いを持てるのも家族に対してであるといえます。その思いが家庭をよくしていくのです。しかし、ふだんは「いざというとき」がなかなかありませんので、お互いの存在がほんとうに尊く、大切だということが分からないままに過ごしてしまいます。

親でも子どもでも、私たちは、〝何がいちばん大切なのか〟ということに目覚《めざ》めていくことが、ほんとうの意味で、豊かな人生を送る鍵《かぎ》になります。私たちを目覚めさせるのは「いざというとき」なのです。

人生の中には、たくさんの「いざというとき」があり、その形はさまざまです。その「いざというとき」が、私たちをほんとうの人間性に目覚めさせ、生きていくうえで何が大切かということを教えてくれるのです。

その例を二つご紹介させていただきたいと思います。

息子の非行で家庭が変わる

ある恵まれた家庭に生まれた男性とその一人息子の話です。

この男性のご両親は、きょうだいがみんな高学歴で、「いとこは慶応の幼稚舎《しゃ》に入った」とか「ストレートで東大に入った」というような話ばかりがある家系でした。そういう両親のもとに生まれたこの男性もやはり優秀で、経済的にも環境的にもとても恵まれて育ちました。

この男性のきょうだいたちもまた、みんな超一流の大学を出て、名立《なだ》たる超一流の企業に勤めているエリートです。この男性も優秀な商社マンとして海外を飛び回っていました。

男性は結婚をして、一人息子を授《さず》かりました。その息子も小さいころから優等生で、親の期待に応え、親戚《しんせき》中からも褒《ほ》められるような子でした。小学校から付属中学校に進みましたが、中学生になったときから学校に行かなくなりました。それどころか親に見つからないように、いろいろな悪事をし始めたのです。

母親は、そうした子どもの非行を直そうとするあまり、海外勤務中の父親に隠れて、息子にお金を渡していました。しかし、そのお金があるがために、友だちを引き連れて悪いことをしたり、同じような人たちと仲間をつくったりと、悪循環が続いてしまったのです。父親は海外にいることが多いので、それを知りません。その間、母親は、外に息子のことが漏れないようにと体面を繕《つくろ》い続けました。

父親は、時折海外から帰ってくると、「どうだ、東大には入れそうか」「親戚のあの子は東大へ入ったそうだ」「あの子は東大の大学院まで出て、今、ケンブリッジの大学にいるそうだ」「甥《おい》っ子はアメリカのハーバードに行ってＭＢＡ（経営管理学修士）を取得したそうだ」など、超一流のことばかりを言うわけです。

父親が家にいたある日の早朝四時ごろ、家族みんなが寝ているときに玄関のベルが鳴りました。何事かと思って、寝巻きのまま父親が出てみると、四人の警察官が玄関の前に立っていました。すると突然、「調べさせてもらいます。息子さんの部屋はどこですか」と聞かれました。「二階です」と答えると、彼らはそのまま二階へ行き、息子を取り囲んで降りてくると、外に待たせてあった警察の車に乗せて連れて行ってしまったのです。

それまでの息子のようすをまったく知らなかった父親は、何が起こったのかまったく分かりません。息子は優秀なので、東大に入って外交官になるか、超一流のエリート商社マンになるというようなことだけを考えていたのです。

驚いた父親は、すぐに警察に行って事情を聞きました。すると、「お宅の息子さんは麻薬を保持していて、現行犯でつかまり、今、留置されています」と言われました。父親が「そんなことは絶対にない。何かの間違いだ」といくら言っても、今までに何度も同じようなことで警察に保護されているという証拠《しょうこ》を見せつけられ、父親は初めて目が覚めて、愕然《がくぜん》としてしまったのです。

責めるだけの夫婦関係

家に帰ってきた父親は、奥さんに向かって「お前の教育が悪いからだ！　俺《おれ》は、エリートとして、人の足を引っ張り合うような競争社会で一秒も休むことなく働き続けている。命をかけて世界中を飛び回っている。ここまでになるのにどれほど苦労をしてきたか分からない。だから、息子の教育はお前に任せていたのに、お前の教育が悪いからこんなことになったんだ！」と言って責めました。さらに次のように言いました。「世間体《せけんてい》をどうしてくれる！　親戚たちに顔向けができないじゃないか！　うちだけこんな落ちこぼれた息子を持つなんてことは、世間に向かってどんな顔ができるというんだ！　お前は息子をこんなにしてしまって、よくも俺の面《つら》を汚してくれたな！」

ご主人が言うのは、「世間に顔向けができない」「自分の面が汚された」という自分の体面のことだけでした。

警察から、「息子さんは、そのまま一週間の予定で留置されます」という連絡がありました。その間父親は、ちょうど日本に帰っていたこともあり、病気ということで会社を休ませてもらい、ねちねちと奥さんをいじめ抜いたのです。そうする以外に自分の怒りを発散する場所がなかったのでしょう。

夫婦二人の念頭にあったことは〝どうか世間に漏れないように〟と、それだけでした。ですから二人は、このことが警察から外へ漏れないように、そのための手配をするばかりでした。

挫折からの気づき

しかし、さすがに一週間も経《た》つと、父親もくたびれてしまいました。また奥さんも、ご主人が知るずっと前から、苦しみ悩んでいましたので、このころには疲れ果てていました。そのうえ、ご主人からいじめられ続けてきたので、とうとうノイローゼになり、寝たきりになってしまったのです。奥さんはご飯も炊《た》かないし、食事も作れません。ご主人は仕方なく、行き慣れないコンビニエンス・ストアへ行って、自分で買い物をして食べるという日々が続きました。しかし結局、ご主人も疲れ果てて、精根《せいこん》も尽きてしまいました。

父親は再び警察へ行って「息子に会わせてください」とお願いしたのですが、警察からは「会わせることはできません。持っていた麻薬が多量だったため、それをどういうルートで入手したのかが解明されるまで、会わせることはできません」と言われてしまいました。

家に帰ってきたご主人は、ますます気落ちしてしまいました。今まで挫折《ざせつ》を経験したことのない二人は、「挫折とはまさにこのことだ」と身をもって感じたわけです。奥さんは生きる気力さえ失い、ご主人も会社に行く意欲はなく、ドン底まで落ち込みました。そして、飲まず食わずで何日かを過ごしました。

やがて、衰弱《すいじゃく》しきった奥さんはご主人に言いました。

「あなた、ほんとうにすみません。私の教育の仕方が悪かったのです。子どもを教育するということの前に、世間体のため、見栄《みえ》のためにのみ生きてきた自分が悪かったのです。ほんとうにあの子にはかわいそうなことをしてしまいました。

こんな目に遭ってしまいましたが、あの子のおかげで、見栄のために生きるということがどんなにばかげたことかが分かりました。私は、自分で自分を偽《いつわ》ってきたために、これまでの人生の中で『自分』というものが一つもありませんでした。世間の方々の目によく映るように生きてきたのです。あの子が今回のようなことをしてくれたおかげで、私はやっと目が覚めました。これからは、もうこういう生き方はやめます。

ですから、あなたがもし、私を気に入らなければ、どうぞ離婚してください。私はもう今までどおりには生きられません。世間のことはもう目に入らなくなりました。あの子がどんな子であっても、私が引き受けます。今後、あの子が刑務所で過ごさなければならないのなら、私がすべてを引き受けます」

すると、それまで怖《こわ》い顔をして聞いていたご主人が、両手を差し出して奥さんの手を握り、そして言いました。

「いや、自分のほうこそ、ほんとうの自分を生きてこなかった。小さいときから親のために生き、会社に入ってからは上司の目によく映るためだけに生きてきた自分のほうこそ、まるで操《あやつ》り人形みたいな人生を生きてきた。ほんとうにあの息子こそ、いちばんの孝行息子だ。私たちに〝生きるとはどういうことか〟を教えてくれたんだ。もう世間体はどうでもいい。会社も辞める。二人であの子を育てよう。三人で食べていくくらいはどうにかなるさ。この家を売って、貯金も全部はたいて田舎《いなか》のほうに小さな土地を買おう。そしてそこで農業をしよう。

私たちは、これまでこんな立派な家に住み、車で会社に通ってきたが、自然に触れることなく生きてきた。これからは自然に恵まれた片田舎に住んで、そこで農業をしよう。そして自然に触れよう」

ご主人は、奥さんの手を握り、会社も辞めよう、家も全部捨てよう、持っている財産も捨てよう、そして人間性を生かすような自然の中に入って、鍬《くわ》を握り田畑を耕そう、息子のような思いをしている人たちを受け入れる家を作ろう、そうすれば、きっと息子もよみがえるに違いない、と言ったのです。

この言葉を聞いた奥さんは、「ねえ、あなた。私たちは、今、初めて結婚しましたね」と言いました。するとご主人も「そうだ。ほんとうに私たち二人は、初めてこれで一人の人間対人間として結婚できたね」と答えました。そして、これから二人で共に生きていこうと、しっかり手を握り合ったのです。

その足で、ご主人は警察に行きました。やはり息子さんには会わせてもらえませんでしたが、担当の警察官に会って、息子さんへの伝言をお願いしました。

「『お父さんは、これからは命を投げ出してお前のために生きていく。お前がどんな子どもであろうと、お父さんは決して見捨てはしない。命を懸《か》けてお前を守り抜くからな』と息子に伝えてください」

そう言ってご主人は帰ってきました。それから三か月間、息子さんに会うことはできなかったそうです。

三か月経ったときに、警察から連絡が入りました。息子さんの保護されている少年院で、息子さんが自分で書いた作文をみんなの前で読み上げたというのです。そこで警察からご主人宛にその作文が届けられたのです。その内容は次のようなものでした。

――自分は担当の先生をとおして、生まれて初めて、父のほんとうの言葉を聞きました。今までのように、「偉《えら》くなれ」「勉強しろ」「立派になれ」「いい大学へ入れ」「いい会社に入れ」「優秀であれ」ということではありませんでした。父が担当の先生に話してくれた言葉というのは次のような言葉でした。

「お前は自分の子どもだ。命を懸けてお父さんはお前を守る。お前といっしょに生き抜いていく。お前を守り続ける。決して見捨てはしない。お前のために命を懸けるよ」

それを聞いたときに、ぼくの中の反発心が全部消えました。そしてぼくは、父の子どもでほんとうによかったとしみじみ思いました。

自分のしたことは、すべて父への反発からでした。人形のようなうつろな母の姿、からっぽになった母を見るのが嫌で反発をしていたのです。でも、父の言葉を聞いたときに、これまで抱いていた自分の中の反発は全部消え、ぼくはこれから父と母といっしょに生きていこうと思いました。

ここに入ったとき、自分と同じように非行に走った人たちの話を聞くと、みんなつらい思いをしています。自分のすることが嫌で嫌でたまらない。悪いことをしては自分に嫌悪感《けんおかん》を持っています。そして自分が嫌いになると、そのはけ口としてまた悪いことをしなきゃいられないのです。いつも悪循環で、自分への嫌悪感から、嫌だと思っている非行に走り続けてしまう。そういうことがよく分かりました。

そういう自分を、父は見捨てないと言ってくれました。ぼくは縁があって、ここにいる人たち、嫌悪感から非行に走り続けなければいけなかったという人たちと出会い、彼らの気持ちを聞かせてもらいました。ぼくはこれから、ぼくを守ってくれると言ってくれた父に守られながら、そういう若者のために働くような人生を選んでいきたいと思います——

その作文を読んだとき、ご両親は「神さまは、私たちにほんとうにすばらしい子どもを授けてくださった。自分たちはこの子によって、化石《かせき》のような抜《ぬ》け殻《がら》の人生に、命を入れてもらい、よみがえらせてもらった。こんなにいい子どもをいただけてほんとうにありがたい」と感謝したのです。

その後、息子さんは半年間帰ってこなかったのですが、その間に、ご主人は会社を辞め、家を処分し、田舎に田んぼを買いました。そして、田植えなど一度もしたことがない方でしたので、近所で農業をしている人の家に住み込ませてもらい、農業を学び始めました。そして奥さんと息子さんの三人で自然に囲まれて暮らすようになりました。

現在、そのご主人が私に手紙をくださるときは、必ず次のように書いてあります。

――人間が癒《いや》されるのは、大地とつながり、大地に根を張っているときです。土に触れ、自然に触れているときです。人間は自然に目を向けなくなると人間らしさを失っていきます。ですから、東京に住んでいても空を眺《なが》めたり、樹木を眺めたりしてください。自然はどこにでもあります。そして自然に触れていれば、自分の周りの人の温かさを感じる心、そういう力が育っていきます――

この家族との出会いは、私にとっても、とても大きな恵みになりました。

人を信じられなくなった息子

もう一人、私の心にとても強く刻《きざ》まれている方がいます。

その方は、大学の理科系の先生でした。一方私は、大学で日本文学を教えていました。その先生を、ここではK先生とお呼びしましょう。K先生は、私のところへ初めてお見えになったときにこうおっしゃったのです。

「自分は大学で理科系を教えている人、あるいは優秀な超一流大学の理科系で研究や発明をしている人以外は、人間とは認めません」と。

その言葉に私も思わず、「じゃあ、私も人間じゃないんですね。私の専攻は文学なんです」と言いました。そうしたら、すかさず「認めません」という答えが返ってきて驚きました。私は〝こういう人も世の中にはいるんだ〟と思いました。

それから数か月後、K先生が再び私を訪ねてきました。そして、「実は息子が学校へ行かなくなってしまったんです」とおっしゃいました。私は心の中で〝当然でしょう〟と思いました。そして「あなたの息子さんは、ほんとうに親孝行の息子さんですよ。その息子さんを通して、あなたにきっとすばらしいことが起こりますよ」と言いました。

するとK先生は、「とんでもない。あの息子はすごく優秀だったんだ。それなのに、あんなことがきっかけで学校へ行かなくなってしまったんだ」と言い、事の次第を話し始めました。

信頼していた人からの裏切り

K先生の息子さんは、高校でバスケットボール部に所属していました。学校での成績もトップクラスで、部活動でも活躍していたため、将来が嘱望《しょくぼう》されていました。

ある日、部活動の練習中に部員の一人が倒れ、何かの角《かど》に頭をぶつけて血を流してしまったのだそうです。その息子さんは、とっさにケガをした親友のところへ行き、面倒を見ていました。そこへ息子さんがふだんから信頼している体育の先生が入ってきて、息子さんに向かって、「お前がケガをさせたんだな！」と、頭ごなしに怒鳴《どな》ったのです。

息子さんはその言葉に驚きながら、「ぼくじゃありません」と言い、周囲に助けを求めました。しかし、周りにいた他の部員たちは、ケガをした子が自分で倒れたということも言わず、自分に害が及ばないようにと、さーっと後ろに退《しりぞ》いてしまったのです。それで、あたかもその息子さんが突き倒してケガをさせたような雰囲気をつくってしまったのでしょう。

そのときの状況がどのようであったか、私には分かりませんが、そのときに息子さんが感じたのは、〝部員が自分で転んでケガをしたにもかかわらず、自分が尊敬している先生は、自分が突き倒したに違いないと思い込み、まず自分を責めた。そして自分の親友であったケガをした友人も、周りで見ていた部員たちも、だれ一人説明もせず、自分だけを悪者にした〟ということでした。

その瞬間から、息子さんは人を信じることができなくなってしまいました。

エスカレートする暴力

その息子さんは、この事件をきっかけに学校へ行かなくなりました。そして、やがて家で暴力を振るうようになってしまったのです。K先生は、その悩みを私に相談に来たのでした。学校を休むようになった息子さんは、家での暴力もさらに激しさを増し、物を投げるなどして、家中をめちゃめちゃにしました。このような状況では危険なので、K先生は息子に場所を知られないようにアパートを借り、そこに奥さんと娘さんを住まわせました。

そうすると、息子の世話をするのはK先生しかいません。K先生は大学での講義を終えて家に帰ると、息子から「親父《おやじ》！　すき焼き作れ！」とか「肉買ってこい！」とか、ものすごい勢いで言われるのです。K先生はまるで奴隷《どれい》のように、言われるものを買ってきて、食事を作るわけです。すると「こんなもの、食べられるか！」と言って、息子はそれを蹴飛《けと》ばし、また別のものを作らせます。それを何度も繰り返すのです。

昼の間、ずっと寝ている息子は、父親が帰ってくると、ああしろ、こうしろと命令し、まるで父親を召使《めしつか》いのように扱い、言うとおりにしないと、包丁などを持ち出して、暴力を振るいました。夜中になると、残虐《ざんぎゃく》なテレビゲームで一晩中遊び、朝食を食べると寝る。そして父親が帰ってくるとまた暴力を振るう。そういう日々の繰り返しでした。

K先生は、食べ物でも何でも、むだなものと分かっていながら、横暴な息子の言うとおりに買いました。その一方で、妻と娘のアパート代や生活費、それに私学に通う娘の授業料も支払わなければなりません。K先生は、もう限界を感じていました。

このような状態で一年が過ぎたころ、息子さんは、今度は自分の背丈《せたけ》のことでK先生を責めるようになりました。「俺の背が低いのは親父のせいだ！　俺の背を高くしろ！」。そう怒鳴り始めたのです。中学二年生のころから背が伸び始めたものの、高校一年生のころにはもう伸びなくなったらしく、息子さんはK先生に向かって「こんな俺をつくったのはてめえだ。てめえは俺の背を高く伸ばせ！」と、朝夕、怒鳴り続けたのです。

K先生は〝とにかく息子をなんとかして、この息子の暴力から逃《のが》れたい〟と、ただそれだけを願うようになりました。

そう願い続けていたある日のことです。また息子さんが「俺の背を高くしろ！　そうしなきゃ、てめえ殺すぞ！」と怒鳴ったのです。そこでK先生は決意して、「よし、じゃあ背を伸ばしてやろう」と言いました。

K先生は、大阪に背を高くしてくれる専門のお医者さんがいるということを調べ上げ、その病院の資料を取り寄せていたのです。すでに精根も尽き果てていたK先生は、〝とにかくその病院に行ってみよう。そして、息子の望むとおり、背を高くしてもらおう〟と、ただそれだけを考えて出かけました。その病院の費用がかさむならば、家を処分してもよいと思っていたのです。

〝息子の身長が十センチでも十五センチでも高くなり、それで息子の気が済み、暴力を振るわなくなるのなら、もう家なんていらない。どんなあばら家でも住める〟

そういう思いを抱きながら、K先生は息子さんを連れて、新幹線で大阪に向かいました。

K先生は、新幹線の中で病院の資料を息子さんに渡すと、「この専門のお医者さんがお前の背を高くしてくれるから」と言いました。息子さんは夢中でその資料を読みました。K先生は「お前がそんなに背が高くなりたいというのなら、お父さんは家も売って、お前のために背を高くしてやる。どんなに借金をしてでも、その借金を返し続けながらでも、お前の背を高くしてやる。だからお前の気が済むように病院に行こう」と息子さんに語り続けていました。

しかし息子さんは、聞く耳を持たず、黙々《もくもく》と病院の資料を読んでいるだけでした。聞こえているのかいないかは分かりませんでしたが、それでもK先生は自分の決意を息子さんに話し続けたのです。

K先生にとっては、もうどうなってもよかったのです。〝何もかも投げ出したい。息子も自分もどうなってもいい。妻も娘もどうなってもいい。もう生きる気力もない……〟。それほど切羽詰まった状況で、最後の手段という思いで大阪へ出かけたのです。

医者の一喝で変化が現れる

病院に着くと、さっそく申し込み用紙に必要事項を記入し、二人は待合室で順番が来るのを待ちました。たくさんの患者さんがいる待合室で、二人とも背が高くなるという希望を持ちながら待っていました。

すると、背を高くすることで有名だというお医者さんが現れ、息子さんの名前を呼ぶや否《いな》や、突然、「お前か！」と怒鳴ったのです。「お前は何だ！　こんな健康な体なのに、ただ背を高くしたいだけのためにやってきたのか、馬鹿者《ばかもの》！」と、ものすごい勢いで一喝《いっかつ》したのです。さらに、二人に向かって言いました。

「この馬鹿者が！　周りを見てみろ。ここにいる人たちは、交通事故でケガをしたり、いろいろな病気にかかって、つらい思いをしてやって来ている人たちばかりだ。ここに来ている人たちは、背骨を真っ直《まっす》ぐにして少しでも健康な体になり、病気から癒されてちゃんと生きていこうと真剣に考えている人たちだ。お前たちのように、ただ自分の満足のために背を高くしたいからといって来るようなところではない！　この馬鹿者、さっさと帰れ！」

その勢いがすさまじかったこともありますが、二人は、この病院に来ていた患者さんたち一人ひとりが、ほんとうにつらい状況にある人たちなのだということを、待っている間に感じ取っていたのです。結局、二人は追い出されてしまいました。

入院して手術を受けるつもりで大阪へ来た二人ですが、そのお医者さんにものすごい勢いで一喝され、最後に「もっとまともに生きろ！」「もっと人間らしく生きろ！」という言葉を浴びせられて、玄関から蹴飛ばされるように追い出されて、そのまま東京へ帰ることになりました。

いつもは文句ばかり言っていた息子さんですが、不思議なことに、このときはひと言もしゃべりませんでした。K先生も、お医者さんに一喝されてから、息子の態度が何か変わったように感じていました。それでも、帰りの新幹線の中でも、やはり息子は何もしゃべらず、二人ともひと言も言葉を発しませんでした。

名古屋駅を過ぎたころ、息子さんは突然口を開き、「お父さん、ぼくが悪かった……」と言ったのです。それはほんとうに素直な言葉でした。

それを聞いたK先生は「お父さんこそ悪かった。お父さんの生き方が人間らしくないから、お前をこんなにしてしまったんだ」と、自分でも驚くほど素直に言葉が出たのです。つい先ほどまで、もう生きているのが嫌になって、つらくてたまらなかったのに、息子さんのそのひと言が誘い水になって、「自分は人間らしく生きてこなかった」と言ったのです。

その言葉を口にした途端、K先生にはこれまでの自分の一生が走馬灯《そうまとう》のように見えたそうです。世間体を気にし、見栄を張り、人の評価に頼って生きてきた自分の人生とはいかにむなしいものだったか。そして、自分はその評価ばかりを大事にして、周りの一人ひとりの人間を大切にすることに心を向けてこなかったということを悟《さと》ったのです。

その瞬間、〝まだ自分は人生をやり直せる。新しい人生が与えられている。妻も娘も息子もいる。息子が目の前で生きている〟ということを心から感じたのです。

この思いが溢《あふ》れてきたときから、K先生の人生は逆転し、それまでとはまったく違った自分が生き始めたと感じたのだそうです。

ました。

息子の「非行」が「親孝行」に

K先生は、東京へ帰ってきてから私のところへお見えになり、次のように話してくださいました。

「自分は、こんなにいい息子を持ったことがありがたくてたまりません。ほんとうに親孝行の息子です。あの息子が家庭内暴力に走ってくれなかったら、私は先生と初めてお会いしたときのまま、『大学で理科系の優秀な先生だけが人間だ』という傲慢《ごうまん》な思いを持ち続けていたでしょう。死んでもそう思い続けていたに違いありません。でも、あの息子が自分を人間らしくしてくれました。ほんとうに息子のおかげです」

それから、こうもおっしゃいました。

「人間は土壇場《どたんば》にならないと、自分が大事にしてきた価値観をなかなか変えることができません。懲《こ》り固まってしまって、できないのです。ですから懲り固まってしまう前に、私たちは勉強を積み重ねて〝今、自分がいいと思っていることは、ほんとうにいいことなのかな〟と、少しずつ軌道《きどう》修正をしていく必要があります。

自分はこれまで恵まれ過ぎて、順調に行き過ぎてきたから、軌道修正をするチャンスをいつも見逃してきました。軌道修正をするチャンスは、順調であればあるほど少なくなってしまうものです。だから人生を順調に進んできた人というのは、頑《がん》として〝自分はこれでいいのだ〟と思い込んでしまう。その思い込みが大きければ大きいほど、小さな軌道修正では間に合わず、ひっくり返るような痛い目に遭わないと変えられないのです。私は、息子のおかげでそのことが分かりました。

人間は謙虚《けんきょ》に勉強を積み重ねながら、少しずつ軌道修正しておくことが大切なのですね。人生の中でたくさん起こる小さな苦しみや思い通りにいかないことというのは、自分の生き方を軌道修正するための大切なものなのですね。苦しみというのはむだではないのですね」

その後、K先生は息子さんといっしょに、もう一度私のところへ見えました。そして、「息子は高校を辞め、自分で勉強をして大検（大学入学資格検定）を受けることにしました」と報告してくれました。息子さんは大検を受けて、現在、専門学校でがんばっています。

K先生は「かつての自分だったら、息子が大学へ行かないなんて考えられなかった。しかしあの息子は、自力でよくぞあれだけの人生を切り開いた。私はそれを、とても誇《ほこ》りに思っている」と、話してくれました。

さまざまな出会いからの気づき

これまで紹介してきたように、人生のさまざまな苦しみというのは、私たちが生きていくうえで〝何が大切か〟ということを教えてくれるものであると、つくづく感じます。

私たちは、自分の思うように人が動き、思い通りに物事が進み、嫌なことが一つもないときが幸せであると感じがちです。しかし、だれの人生を見ても、すべてが思い通りにいくなどということはないのではないでしょうか。もし、すべてが自分の思い通りになっているというのであれば、その人は、周囲から見れば、わがままで鼻持ちならぬ人になっているといえるでしょう。

人間は、さまざまな課題にぶつかり、それを乗り越えながら成長していきますが、その課題は自分自身が引き寄せているのだといわれています。私たち一人ひとりには、課題を乗り越える力が備わっており、その力にふさわしい課題がやってきます。そして、さらに力がついてくると、新たに、その力にふさわしい課題が目の前に現れるのです。

竹が節《ふし》を作って伸びることを繰り返すのと同じように、私たちは、自分自身をひと回りずつ大きくするために、自分の力で乗り越えられるだけの苦しみを自分で引き寄せ、それを乗り越えて成長しています。苦しみというのは、この節を作るときだと言われています。

人生を生きるということは、自分を成長させるために苦しみを乗り越えることだと、私は思うようになりました。

人間の三つの平等

人間は、一人ひとりの個性がすべて違います。生まれた場所も生い立ちもすべて違います。すべてが違っていて、同じことは一つもありません。

私たちは、この地球上で、この違いを人と比べ合いながら生きているように思います。地位や学歴を比べたり、この人は力があるとか、この人は器用だとか、この人は知恵があるとか、この人は美しいとか、この人は才能があるとか、みんな比べ合って生きているように思います。ですから、私たちが、「目に見える世界」に生きている限り、一人ひとりはすべて違っていて、平等というものは一つもありません。

では、人間に平等というものはまったくないのでしょうか。私は、人間には「三つの平等」

があると思います。それは、先に挙げたような「比べるもの」「はかるもの」がなくなるときに現れます。

例えば、あなたのお母さんが年をとり、あるいは病気になって入院し、働くことができなくなってしまったとします。ただベッドの上に寝ているだけ、ただ生きているだけの状態になったとします。そういうお母さんに対して、あなたは「もう人間ではない」と言うでしょうか。あなたの大事なお母さんは、ただ働けなくなっただけ、ただ病気になって寝ているというだけで、あなたの大事なお母さんとしては、何ら変わりはないのです。

私の教え子の中に、国際線のスチュワーデスになった方がいます。あるとき、その方のお母さんが脳溢血《のういっけつ》で倒れ、延命治療が施《ほどこ》されて、いわば植物人間になってしまいました。つまり、入院してただ寝ているだけという状態です。

その教え子が私のところへ来たとき、彼女はこう言いました。

「日本とニューヨークやパリを往復するのは、たいへん疲れます。しかし、私は日本に帰ってくると、まず母のところへ飛んで行きます。母は私が来たことなど分かりません。ただただ寝ているだけです。でも、母にこうして手を触れると温かいのです。温かくて息をしています。母の体に触れると温もりが伝わってくるのです。母が生きていてくれるだけで、私はあのたいへんな業務をこなすことができます」

もし、あなたの大事なお子さんが交通事故に遭い、瀕死《ひんし》の状態になったとします。そこへ駆けつけたとき、あなたはその子に向かって何と言うでしょうか。その子はもう何もできません。しゃべることも、手を振り返すこともできず、ただ生きているだけです。命があるということだけです。そのような状態のときに「もっと勉強しなさい」とか「もっと成績が上がるように努力しなさい」などと言うでしょうか。きっと、「どんなことがあっても生きていてくれ！」「死んじゃだめ！　がんばって」と言うのではないでしょうか。〝生きてさえいてくれればいい〟と、ただそれだけを願うのではないでしょうか。

私が沖縄に行ったときのことです。

空港で私を出迎えてくれた友人が「私の親しくしている方が危篤《きとく》です。その方にはまだ乳《ち》飲《の》み子《ご》がいます。その方のところへ行ってお祈りしてください」と言いました。私は彼女といっしょに急いで病院へ行きました。病室に入ると、お医者さんがその病人に心臓マッサージをし、看護師さんは大きな注射を用意していました。廊下には「助かるように、助かるように」と祈り続けている親戚や友人、知人の姿がありました。

病室の中では、その死にそうなお母さんの周りに、生後三か月ほどの赤ちゃんを抱いたご主人と、中学三年の長女を頭《かしら》にして五人の子どもたちが並んでいました。私が病人に手を当ててお祈りしていると、お母さんが目を開けました。もう声を出すこともできず、口を動かすだけで精いっぱいでしたが、長女から順に一人ずつ子どもたちの名前を呼び、最後に赤ちゃんの名前を呼ぶと、ご主人のほうを向いて「ありがとう」と言って息を引き取りました。

ご主人をはじめ、六人の子どもたちにとって、このお母さんはだれも代わることのできない、絶対に必要な存在でした。私はその場に立ち会ったときに〝どれほどの名医も、どんなに強い家族の思いも、この命を生き長らえさせることはできない。どんなに真摯《しんし》な祈りも命をつくり出すことはできないのだ〟と実感しました。そして、〝こうして生かされている私たち一人ひとりは、人間を超える大いなる存在から命を与えられている大切な存在なんだ〟ということをしみじみと感じたのです。

私たちにとっていちばん大切なことは、物があることでも、地位や学歴が高いことでもありません。「生きている」「命がある」ということなのです。人間の平等の一つ目は、どの人も「命を与えられている」ということです。どの人にとっても命は大切であり、すべての人に命が与えられ続けています。

二つ目の平等とは、どの人も「完全ではない」ということです。

だれもみな欠点を持っています。そのことを私たちは知っているため、お互いに認め合い、許し合い、助け合うのです。

そして三つ目の平等とは、どの人も「かけがえのない存在」だということです。私たち一人ひとりは、この長い人類史の中で、過去にも未来にも、たった一人しか生まれない、かけがえのない存在です。

例えば、あなたのお子さんが交通事故で亡くなったとします。そのときあなたは、「他にも子どもがいるから、あの子は死んでもいい」と思うでしょうか。死んだ子どもはかけがえのない、だれにも代わることのできない存在です。「あなたが死んだら地球上の風景が変わってしまう」と言われるほど、あなたも、他のどの人もかけがえのない大切な存在なのです。

繰り返しますが、「どの人も命を与えられている」、「どの人も完全ではない」、「どの人もかけがえのない存在である」、この三つの点において、人間は平等なのです。

『聖書』は、「神は愛である」「神は生命である」と説いています。愛と生命とは、切り離すことのできないものなのです。つまり、命は愛そのものです。それが証拠に、父と母の愛の結晶として新しい命が生まれてきます。命があるということは、人間を超えた大いなるものに平等に愛されているということです。

あなたがいかに大切な存在か、かけがえのない存在かが分かるでしょう。大宇宙があなたの味方であり、あなたは愛し抜かれているということなのです。

自分の中に「愛」を育てましょう

「人間が生きるためには、愛が必要である」ということがよく分かる事例があります。これは、米国のニューヨーク大学の付属病院で医師をしている私の友人から聞いた話です。

大学病院の小児病棟に、ナンシーという三歳の女の子が入院してきました。その子の身長と体重は、一歳児の標準体型ほどしかなく、まるで体中が干物《ひもの》になったような痛々《いたいた》しい姿で、言葉も全然しゃべれませんでした。

入院から三か月が過ぎたある日、お医者さんが「この子は器質的《きしってき》に何の障害もないのに、なぜ全然成長しないのだろうか……」と言いました。すると、一人の看護師さんが「そう言えば、ナンシーが入院してから、ご両親は一度も面会に来ていません」と答えました。

それを聞いたお医者さんは、面会に来るようにとナンシーの両親に呼び出しをかけました。しかし、二人ともいっこうに来る気配はありません。仕方なく、お医者さんは忙しい時間をなんとかやりくりして、ナンシーの家を訪ねることにしました。

ナンシーの両親が住むマンションに着きベルを押すと、ナンシーの母親が出てきて居間に通されました。すると母親は、「ちょっと待っていてください」と言って書斎へ向かうと、ワープロに向かって何かを打ち込み始めました。その隣では、ご主人が同じようにワープロ打ちに一生懸命です。その状態が長い時間続き、お医者さんがもう待ちきれなくなったとき、ようやく母親が書斎から居間へやって来て、そしてこう言いました。

「ナンシーは間違って生まれてきた子なのです」

ナンシーの両親は、エリートコースの中でも最高と言われるハーバード大学大学院のビジネスコースに在籍中で、今手がけている論文が成功するかどうかが人生の山場だというのです。

「この論文が通れば、世界中のどこでもエリートとして受け入れられます。だから論文が通った後で子どもをつくりたかったのです。しかし、ナンシーは間違って生まれてきてしまったのです。初めのうちは、私たちもナンシーにミルクや食べ物をあげていましたが、今は面倒を見る暇《ひま》がないので、もうちょっとあずかっていてください」と言ったのです。

論文を仕上げることだけにしか頭が向いていない若い夫婦を見て、お医者さんは黙って病院に戻りました。

病院に戻ったお医者さんは、ナンシーを病棟から出し、陽当《ひあ》たりがよく、人の行き交う廊下にベッドごと移動させました。そして彼女の頭上に大きなはり紙をしました。そこには次のように書いてありました。

――私はナンシーです。

あなたがここを通るとき、もしあなたが急いでいるならば「ナンシー」と呼んで、ほほ笑みかけてください。

もしあなたに少しの時間があるならば、立ち止まって「ナンシー」と呼びかけ、私を抱き上げ、あやしてください。

もしあなたに十分なゆとりがあるならば、「ナンシー」と呼んで私を抱き上げ、ほおずりして、あなたの胸と腕の温かさを私に伝えてください。

そして私と会話してください――

そのはり紙を出してから、そこを通るお医者さんも看護師さんもみんな足をとめて、ほほ笑みながら「ナンシー、ナンシー」と名前を呼び、抱いたり、あやしたりしました。みんながかわいいナンシーに声をかけ、ほほ笑みかけ続けたのです。

一週間が過ぎたころ、ナンシーはほほ笑むようになりました。そして三か月経ったころには、ナンシーの体重は、正常な三歳児にほぼ近づき、言葉も急速に覚え始めたのです。ナンシーは、病院中が愛情をかける対象になり、周りの人たちみんなが幸せになったのです。

赤ちゃんは、だれも面倒を見てくれず、ベッドに放っておかれれば、裸《はだか》のまま干《ひ》からびて死んでしまいます。私たちは、だれからも愛されなくなったら、命が枯《か》れていくのを感じます。このように、人間を育てるのに必要なのは、食べ物や衣類を与えることとともに、またはそれ以上に、見えない愛情を与えることなのです。

命を育てるのは「親の愛」、周りの人たちの「大人の愛」です。しかし、自分の中に「愛」がないと人に「愛」を与えることはできません。ですから、子どもを育てる場合、人を育てる場合には、まず自分の中にたくさんの「愛」を育てることが人間としての義務なのです。

「見える世界」と「見えない世界」

私たち人間は、この地球上でそれぞれバラバラに生きているように見えますが、実は根っこではつながっています。

どういうことかというと、私たちはふだん、人間の表面的な世界、目に見える「ドゥーイング（行動・行為）の世界」で生きています。この世界は、お金や地位、名誉、権力など、常に他人と比較しながら生きる世界ですから、優劣の生じる世界です。ここには平等は一つもありません。そして、その世界ではみんなバラバラに生きているように見えます。

しかし、死や苦難など、いざというときに直面すると、人間にとってほんとうに大切なことは何であるかということが分かり、ふだんは見えない世界、「ビーイング（存在）の世界」が見えてきます。その世界の根底にあるのは愛そのものです。目に見えない世界では、お金や地位など、見える世界で執着《しゅうちゃく》していたものの意味がなくなります。そして、「自分ががんばっているから立派に生きている」という意識から、「自分は、宇宙や自然、人々によって生かされている」という意識が芽生えてきます。

自分の手に例えてみると分かりやすいと思いますが、指の付け根から指先のほうを「見える世界」、掌《てのひら》のほうを「見えない世界」だとします。見える世界では、五本の指がバラバラであるように、私たちはこの地球上で、バラバラに生きているように見えます。しかし、それぞれの指は、掌の部分、つまり「見えない世界」ではしっかりとつながっています。

私たちの体には骨があります。すべてを貫《つらぬ》くこの太い骨が「命」と「愛」という心棒《しんぼう》です。この骨が指の先まであるから動くのです。私たちはだれもが人間を超える偉大な存在から、命の源《みなもと》である「愛」という心棒をもらって生かされ続けています。私たちの体の中すべてを貫く心棒があるから生きることができるのです。

ですから、私たちは、目に見える世界だけを求め続けていけば、一見、自由で華やかなすばらしい人生が訪れるかもしれませんが、それは、目には見えない世界を切り離してしまっているわけですから、やがて地に根を張らない切り花のようになってしまうでしょう。

生け花として生けられている一輪一輪の切り花は、それぞれすばらしいものです。そして全体を見ても美しいものです。しかし、一週間も経てば、花びらは散ってしまいます。会場を華やかに飾るという、切り花としての役割、使命を果たすのです。この切り花も、もともとは大地に根を張り、そこから栄養をもらって生長してきました。

私たちの人生も、見えない世界という大地とつながり、そこから愛という栄養をもらっています。見える世界だけ、つまり、見栄や体面、物欲の世界だけに手を広げてしまうと、切り花と同じで、見えない世界にある愛の源とのつながりを切り離してしまうことになりますから、一時の華やかさだけで終わってしまいます。

目には見えない世界、言い換えれば深い精神性の世界、愛を広げる世界に深く根ざし、愛を宇宙の源からもらって、目に見える行動の世界に広げていくとき、私たちは人生のほんとうの意味を見いだすことができるでしょう。

一人ひとりが「幸せ発信地」に

私たちは、家庭教育というと、いかに子どもを躾《しつけ》るか、いかに子どもをよくするかということに焦点を合わせます。しかし、そうではなく、お父さんならお父さん、お母さんならお母さん、息子なら息子、おばあちゃんならおばあちゃん、おじいちゃんならおじいちゃん、孫なら孫、それぞれ一人ひとりが、まず、自分の欠点や弱さを受け入れながら、それでも自分は、大宇宙から愛されて命を与え続けられている大切な存在なんだということをしっかりと心に留《と》めていくことです。

そのうえで、利己主義的ではなく、ほんとうの意味で自分を大切にする訓練を重ねていくことによって、自分の中に幸せ感が満ちるようになります。そして、自分自身の中の幸せ感をいっそう広げていけば、私たちは接する人に、知らないうちに、溢れるように幸せ感を伝えられるのではないかと思います。

ですから、あなたが子どもをよくしようと思わなくても、あなたがほんとうの意味で自分自身を大切にし、少しずつ、よい方向に愛を広げていけば、あなたがいるだけで家庭は温かくなっていきます。その結果として、家庭はよくなっていきます。

あなたの存在が、知らないうちにあなたの家庭に愛を広げ、それが、あなたがいる職場に広がり、あなたのいる地域に広がっていけば、日本の国はよくなっていきます。日本の国がよくなっていくとき、世界にもまたよい影響を及ぼしていきます。私たち一人ひとりは小さい存在ですけれども、小さい私たち一人ひとりが「幸せ発信地」になっていけば、とても大きな力になると思います。

まずは、自分の与えられた場、自分の根拠地である家庭から、大切な人たちとの日々のふれあいのときが幸せ感で満たされるように、人と人とのかかわりを、大切に大切にしていくことが家庭教育であり、国をよくしていく根源になると思います。

鈴木 秀子（すずき ひでこ）

東京大学大学院人文科学研究科博士課程修了。フランス、イタリアに留学。ハワイ大学、スタンフォード大学で教鞭を執る。聖心女子大学教授を経て、国際コミュニオン学会名誉会長。聖心女子大学キリスト教文化研究所研究員・聖心会会員。文学博士。

1980年代後半に、日本に初めてエニアグラムを紹介し、以後、日本におけるエニアグラムの第一人者として、高い評価を得ている。全国および海外からの頻繁な招聘、要望に応えて、「人生の意味」を聴衆と共に考える講演会、ワークショップで、さまざまな指導に当たっている。

主な著書に『死にゆく者からの言葉』、『愛と癒しのコミュニオン』『心の対話者』（文藝春秋）、『9つの性格』（PHP文庫）、『臨死体験　生命の響き』（大和書房）、『いのちの絆 大震災を生きる』（静山社文庫）、『自分を生き抜く 聖書のことば』『幸せ革命 117のヒント』（海竜社）、その他多数がある。

●生涯学習ブックレット

家族をはぐくむ「愛」の贈りもの

平成16年3月10日　初版第1刷発行
平成25年8月30日　　　第3刷発行

著　者　鈴木 秀子

発　行　公益財団法人 モラロジー研究所
〒277-8654 千葉県柏市光ヶ丘2-1-1
TEL. 04-7173-3155（出版部）
http://www.moralogy.jp/

発　売　学校法人 廣池学園事業部
〒277-8686 千葉県柏市光ヶ丘2-1-1
TEL. 04-7173-3158

印　刷　シナノ印刷株式会社

ISBN978-4-89639-086-5